Udo Richard wurde 1966 in Halle/Westf. geboren. An den Universitäten Bamberg und Columbia, S.C., studierte er Germanistik mit den Schwerpunkten Literaturwissenschaft und Literaturvermittlung. Danach arbeitete er mehrere Jahre in der Redaktion eines großen Kinderbuchverlags. Seit Mitte 1999 schreibt und übersetzt er Kinderbücher.

Irmgard Paule studierte an der Fachhochschule für Gestaltung in München. Danach arbeitete sie als freischaffende Grafikerin in der Werbung. Seit 1997 illustriert sie Kinderbücher für verschiedene Verlage.

Udo Richard

Spiel mit mir,
kleiner Delfin

Illustrationen von Irmgard Paule

Bibliografische Information Der Deutschen Bibliothek
Die Deutsche Bibliothek verzeichnet diese Publikation
in der Deutschen Nationalbibliografie;
detaillierte bibliografische Daten sind im Internet
über *http://dnb.ddb.de* abrufbar.

*Der Umwelt zuliebe ist dieses Buch
auf chlorfrei gebleichtem Papier gedruckt.*

ISBN 3-7855-5115-0 – 1. Auflage 2004
© 2004 Loewe Verlag GmbH, Bindlach
Umschlagillustration: Irmgard Paule
Reihenlogo: Angelika Stubner
Gesamtherstellung: L.E.G.O. S.p.A., Vicenza
Printed in Italy

www.loewe-verlag.de

Inhalt

Weit und breit kein Delfin

Ein weißes 🚢 tuckert gemütlich

über das 🌊 . Die ☀ scheint,

und bunte 🚩 flattern im 💨 .

Aber Paul langweilt sich! Denn

eigentlich ist er ja hier, um 🐬 zu

beobachten. Er hat deswegen auch

extra seinen 📷 mitgenommen.

Aber nun fährt das schon

so lange zwischen den hin

und her. Und wo sind die ?

Nirgends! Weit und breit keine

von ihnen! Paul lehnt sich über

die . Da schwimmt doch etwas!

Schnell nimmt er seinen

in die . Aber es sind nur .

„!", knurrt Paul. Schlecht gelaunt

trottet er über das . Mama und

Papa sitzen an einem und

unterhalten sich mit anderen .

Sie wollen nicht gestört werden.

Auch ⚽ spielen mit Lisa darf

er nicht. Dazu ist es zu voll auf

dem 🚢 . Und jetzt spielt Lisa

in einer 📖 alleine mit ihrem 🏐

und gibt ihn nicht her.

Paul zieht seine rote 🧢 tief

in die 👀 und will niemanden

mehr sehen. Dann läuft er zur 🛶.

„Vielleicht gibt es hier gar keine 🐬“,

denkt er und starrt missmutig

in das weite, weite 🌊.

Plötzlich sieht er doch etwas. Paul

reckt den und kneift die

zusammen. Ist das etwa eine ?

Tatsächlich! Ein kleiner nähert

sich dem . Er streckt neugierig

den aus den .

Paul schaut sich um. „He, Lisa,

komm mal schnell!", ruft er

aufgeregt. „Hier ist ein  !"

Wie der ⚡ ist Lisa bei Paul.

Und wenig später drängeln

sich auch Mama, Papa und

die anderen an der .

Endlich gibt es  zu sehen!

Sagenhafte Kunststücke

Der 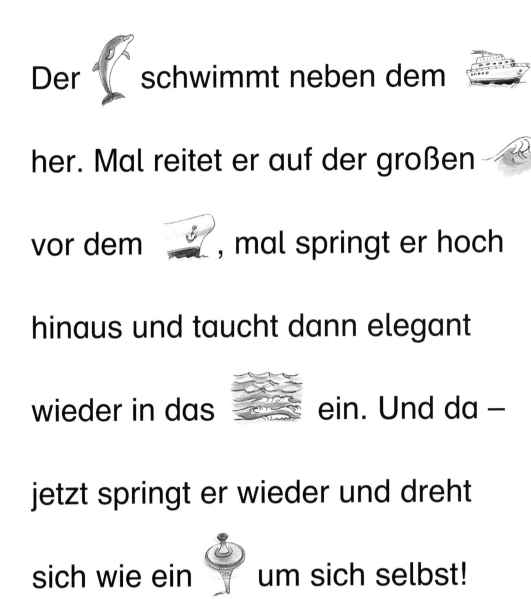 schwimmt neben dem 🚢

her. Mal reitet er auf der großen 🌊

vor dem ⚓, mal springt er hoch

hinaus und taucht dann elegant

wieder in das 🌊 ein. Und da –

jetzt springt er wieder und dreht

sich wie ein 🪀 um sich selbst!

Dann taucht er wieder in die

ein, dass die nur so spritzen.

Paul lehnt sich weit über die .

Er will ganz viele von dem

machen. Plötzlich reißt der

Paul die vom .

„He! Meine !", ruft Paul und

streckt seine  nach ihr aus. Aber

die  schwimmt schon längst

auf den . Der kleine  hat alles

genau beobachtet. Er taucht unter –

und dann mit der  wieder auf.

Sie sitzt genau auf seinem ,

mit dem nach hinten. „Cool!",

rufen Paul und Lisa und lachen.

So lustig sieht der mit der

aus! Nun nimmt der kleine

die in den .

Wie ein  im 🎪 schleudert

er sie nach oben und fängt sie

wieder auf. Immer wieder fliegt

die 🧢 hoch zu den ☁.

Der  läuft auf der

über die oder dreht sich

wie ein um sich selbst. Aber

die fängt er immer wieder auf.

Die auf dem klatschen

begeistert in die .

Schließlich hat der kleine

genug. Er springt hoch und

klatscht die mit der zurück

aufs , direkt vor Pauls .

Paul steht mit offenem da, und

auch die anderen staunen.

„Hast du das gesehen?" und

„Potz !", rufen sie. Und was

macht der kleine ? Er reißt

seinen  auf und lacht.

Und was spielen wir jetzt?

Erwartungsvoll schaut der

kleine hoch zum .

Lisa knufft Paul mit dem

in den . Verstohlen zeigt sie

ihm ihren kleinen gelben .

„Soll ich ihn ins werfen?",

flüstert sie. „Au ja!", sagt Paul leise.

Und schon wirft Lisa den

über die . Der  freut sich.

Er quietscht fröhlich wie ein

kleines . Schnell nimmt er

den in den und schleudert

ihn zurück aufs .

Geschickt fängt Lisa ihn auf.

Und schon ist der wieder

auf dem  zum .

So geht es hin und her.

Mal fängt Lisa den , mal Paul.

Mama und Papa schauen lächelnd

zu. Sie knipsen mit Pauls

ein nach dem anderen.

Paul und Lisa jubeln. Es ist

so lustig, mit dem zu spielen!

Am liebsten würden sie gar nicht

mehr aufhören. Doch plötzlich

hält der kleine inne.

Er scheint zu lauschen. Dann wirft

er den zurück aufs .

Er schnattert und nickt mit

dem , als wollte er sich

verabschieden. Dann schwimmt

er langsam davon.

„Wie schade", rufen die

enttäuscht. „Seid nicht traurig",

sagt ein zu Lisa und Paul.

Es ist der . „Ihr könnt froh sein,

dass der so zutraulich mit

euch gespielt hat. So etwas tut ein

wilder nämlich nur ganz selten.

Bestimmt haben die anderen

ihn jetzt zurückgerufen." Die

schauen wieder aufs hinaus.

Sie heben die und winken.

„Leb wohl, kleiner !", ruft Lisa.

„Und danke, dass du mit uns

gespielt hast!", ruft Paul.

Die beiden schauen so lange

aufs  hinaus, bis nichts mehr

von dem kleinen zu sehen ist.

Und Paul weiß eines ganz sicher:

Das schönste von dem

kleinen wird er sich zu

über sein hängen.

Die Wörter zu den Bildern:

 Schiff

 Spur

 Meer

 Reling

 Sonne

 Hand

 Fahnen

 Fische

 Wind

 Mist

 Delfine

 Tisch

 Fotoapparat

 Leute

 Inseln

 Fußball

Ecke

 Kreisel

 Ball

 Tropfen

 Mütze

 Fotos

 Augen

 Arme

 Kopf

 Schirm

 Rückenflosse

 Schnabel

 Wellen

 Seehund

 Blitz

 Zirkus

 Bug

 Wolken

Schwanzflosse

 Kinder

 Brust

 Mann

 Mund

 Kapitän

 Ellenbogen

 Bild

 Bauch

 Haus

 Ferkel

 Bett

 Weg

Das kleine Burggespenst in der Schule
Claudia Ondracek · Christian Zimmer

Das kleine Burggespenst beim Ritterfest
Claudia Ondracek · Christian Zimmer

Viel Wirbel auf dem Bauernhof
Annelies Schwarz · Sven Leberer

Drei kleine Freunde reißen aus
Julia Boehme · Johanna Ignjatović

Bei der Feuerwehr ist was los!
Ulrich Heiß · Christian Zimmer

Abenteuer mit dem Wunderpony
Julia Boehme · Ines Rarisch

Robby und die Detektive
Julia Boehme · Johanna Ignjatović

Vier Detektive suchen den Dackeldieb
Julia Boehme · Johanna Ignjatović

Mit Zaubern macht die Schule Spaß
Christina Koenig · Dorothea Tust

Kleiner Indianer, schnell wie der Wind
Ingrid Kellner · Katja Kersting

Zaubern mit der Zahlenfee
Julia Boehme · Angelika Stubner

Komm nach Hause, kleines Kätzchen
Katja Reider · Ines Rarisch

Der kleine Zauberer lernt lesen
THiLO

Loewe

Flying Machines

Written by Jo Windsor

In this book you will see flying machines.

You will see a flying machine like this!

You will see a flying machine like this!

You will see a flying machine like this!

Look at this flying machine.

It looks like a big balloon.

It goes up in the air.

People can go in it.

Look at this!

This flying machine
looks like a
big balloon, too.

How can this
balloon go up?

6

Look at this
flying machine!

It is a plane.

It has two big wings.

The wings help it to
stay up in the air.
It can go *fast!*

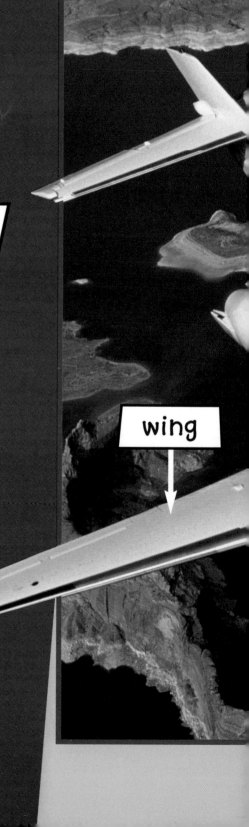

wing

wing

A plane has wheels.

The wheels help
it to land.

When the plane goes up,
the wheels go up
into the plane.

wheels

wheels

Some planes
have propellers.

The propellers go
round and round.

The propellers help
the plane to fly.

propellers

propellers

This plane is very big.

Lots of people can go in a big plane like this.

This plane can land here.   Yes? No?

This plane can land here.   Yes? No?

Look at this!

This flying machine has big wings, too.

Look at the man.
He is in the flying machine.

He can make the wings go up and down.

The flying machine...
will **go fast.** Yes? No?

will **not go fast.** Yes? No?

wing

Look at the wheels on this flying machine.

The wheels are little.

They look like bike wheels.

The wheels can't go up into the plane.

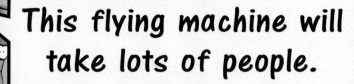

This flying machine will take lots of people.

Yes? No?

wheels

19

Look at this flying machine!

It has wheels, wings and a propeller.

propeller

wing

wheel

Index

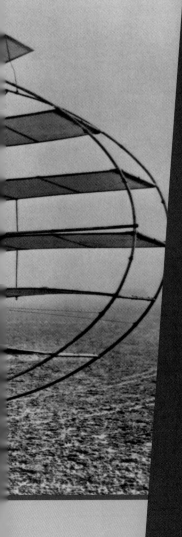

A yes/no chart

Planes have...

wheels Yes? No?

chimneys 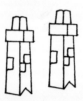 Yes? No?

windows  Yes? No?

wings  Yes? No?

sails  Yes? No?

propellers Yes? No?